싱
글

실
천
시
선

247

# 싱글

## 김바다

실천문학사

# 차례

## 2부

# 3부

## 4부

제
1
부

# 유년

생각하는 사람이 청동 어깨를 빌려주었다
뺨을 기대고 같이 텅 빈 운동장을 내려다보면
담 너머 세병관이 보였다

아무도 몰래
세병관 흙바닥을 파보고 싶었다
거대한 창과 칼이 묻혀있다고 들었기에

유년(幼年)의 한낮
매미처럼 브론즈에 붙어
챙챙 쇠붙이 소리를 들었다

귓바퀴를 감으며 쏟아지는 비와 모래를
어둠 속에 파묻었다

# 싱글

혼자 산다
어쩌다 그렇게 되었다


멧돼지와 호랑이와 여우가 자주 출몰하는 곳
물이 나와 너를 고의적으로 가르는 곳
담장 너머 보이는 모든 나무들 허리와 팔이 비틀리고 꺾
인 곳


네가 너 하나 살자고 마련한 곳에서
귀신을 벗 삼아 떠돈다


수초마다 사라지는 집이
산자를 어리둥절하게 만든다


문밖은 변함없이 어둡고
별들의 입은 재갈이 물려져 있다

침묵을 복습하는 중이다
살고 싶다면 오래 버려져야 한다
가래침이 묻은 채 찌그러지고 구겨질 필요가 있다

어머니, 찾지 마세요
더는 보여드릴 것이 없답니다
살랑대는 바람이 없어도
검게 칠한 캔버스가 꾸덕꾸덕 잘 마르고 있어요
돌아오는 계절이 없어도
새들은 다른 하늘을 찾아 곧잘 떠나더군요

바닥에 묶인 것들이 꽃을 피운다
물컹하고 불룩하게 살이 차오르다
제풀에 뒤집어지다

혼자 죽는다
어쩌다 그렇게 된다

# 시적인 오퍼레이션

버린 정원을 다시 버린다
이름을 버리고 태어난 풀들 사이로
열매가 붉어져간다

뱉어버린 열매를 다시 뱉는다
정원에서 얼굴의 위치는 어떤 나무보다 높다

턱 아래로 지나가는 바람의 일방통행
어제 너머 어제로만 이어진 길을 추격한다

낫을 쥔 손에 힘을 주면
푸른 혈관처럼 솟아오르는 이름

버린 이름을 다시 버린다
풀이 흔들릴 때마다
세상 모든 이름이 하나로 모인다

14

소리는 밤마다 목을 움켜쥔다 습관적으로
버린 얼굴을 다시 버린다

검은 점퍼만 걸치고
겨울 갈대숲으로 굴러와 멈춘다
벌어진 지퍼 너머는 구릿빛 알몸

쉿내 나는 바람이 스친 부위를 잘라내면
꼬리든 다리든
새로운 소설이 시작된다

딱, 한 영혼의 지도가 바뀐

# 나는 다만

어느 나무 그늘 아래

나는 다만
한 장의 하늘 구름을 펼쳐놓았을 뿐
유칼립투스 나뭇잎을 먹다 잠든 코알라를 안고
나는 다만
낡아가는 시집 어느 찢어진 귀퉁이를 들여다보았을 뿐
나는 다만
오랜만의 외출을 반기고 싶었을 뿐
나는 다만
환한 뗏목 하나로 충분한 촌부였을 뿐
나는 다만
조금 부족한 믿음으로 기도 드렸을 뿐
왼손이 가슴에 닿는 걸 모르고
나는 다만
결코 한 손만으로 오르지 못할 가파른 언덕을 짚었을 뿐

우리에겐
가장 낮은 음의 가뭄
모든 우연이 연필의 심지로 모여진

나는 다만
그 밤 떨어진 유성의 구덩이는 어떤 의미일까 생각했을 뿐

바구니에는 썩지 않는 사과와 오렌지
누구도 붙잡을 수 없는 황금 도롱뇽

알프스의 목동이 양을 부르는 시각
너는 눈감은 채 요들송을 기다렸지만

나는 다만
흰 소라를 만들고 있었을 뿐

피와 함께 뱉어진 소리만이 가닿는

깊고 먼 곳을 다녀오고 싶었을 뿐

# 문둥이 찬가

문둥이다

지랄하던 보리 문둥이가 십자가로 기어오르기 시작한다

가도 가도 멀기만 하던 북쪽이 코앞이다

별 잘못한 것 없는 살인자와 강도 사이

사람이 죽을 자리는 별이 정한다

어디서 와서 어디로 가는

바람만이 거대한 별을 움직인다

더 이상 미룰 수 없는 소리가

오장육부를 탈출한다

구덩이로 내몰린 돼지들이 뭉툭한 앞발로

밤의 아랫도리를 긁어대듯

파편화된 노래들이 모여 하나의 우주를 합창한다

콧속으로 눈과 입안으로 마구 밀려드는

모래와 플랑크톤, 살해의 증거

도살된 돼지는 그렇게 신성불가침의 바다에서 온다

문둥이다

쳐다만 봐도 전염병을 옮기는

지랄하던 보리 문딩이가 십자가에 드러누워

던진다 뱉는다 발광한다

우리는 어쩌다 이 모양인가

천국을 소원하는 강도가 허겁지겁 화이트를 휘두른다

허공이 얼룩덜룩해진다

허공을 베어 먹으며 문딩이 살점이 너덜거린다

피가 빠져나가는 속력이 달라서

비극이 없다 아무리 몸을 흔들어대도

지금은 안 생겨요

다지증에 걸린

일곱 번째 고독으로 만든 십자가를 메고

갈팡질팡 문딩이

갈보리산은 스스로 행복하다

수없이 늘어선 천형의 나무들은 불멸이고

혓바닥은 처음부터 선악과엔 관심이 없어

오다가 자빠지고 오다가 자빠진 걸로

보리 문디,

이제 사람 되겠다

# 지금 이곳에서

손등은 마구 갈라지고 터져 피가 날 거야
손가락뼈로 만든 바늘로 그 금들을 깁고 있을 거야
손톱은 뽑힐 때마다 풀보다 빨리 돋아날 거야
각각의 얼굴 이두박근과 장딴지가 주목받는 동안
손은 처리되어야 하는 그 무엇이 되는 거야
그래서 내 투명한 손에서 이 무한한 우주를 가득 메울
손들이 쏟아지게 된 거야
손이 손을 낳는 동안
나는 둔해지고 느려져 태초의 호흡법을 잊게 될 거야
강렬한 이기심과 증오의 도가니 속으로 네 이름을 쓴 손
하나씩 매달아 두는 일
손들이 늘어날수록 너는 새로워지고 우아해지고 탁월해
질 거야
연옥의 넓은 끝없이 반복되는 손들이 필요한 거야
고유한 손을 본 적이 있니?
이곳에선 절단되고 다시 자라는 과정을 즐겨야 해
네가 내 머리를 쓰다듬을 때 천국이 아닌 연옥이 우리의

테마라는 걸 몰랐어

　나무에서 피고 지는 것이 붉은 손이고

　가장 먼저 다가오는 것이 아나콘다라는 걸 몰랐어

　내 손을 먹여 그 놈을 키우고 있어

　보이는 면은 화려한 노랑에 검정 얼룩

　바닥을 기어 다니는 배는 비루한 문양

　두껍고 기인 몸통을 목과 어깨에 걸치고 치즈

　이빨은 독이 없고 스트레스를 받아도 사람을 물진 않아

　허기질 때 먹이로 손을 주는 일만 잊지 않는다면

　세상에서 둘도 없는 우정을 선보이게 될 거야

　아무도 보지 않는 곳에 싼 똥을 뒤적거려도 손은 발견되
지 않는데

　어떻게 증명할 수 있을까?

　거짓이 필연적으로 빚어낸 이곳

　내 손으로 조각한 셀 수 없는 손

　그 손을 즐겨 먹고도 늘 허기진 아나콘다

　똥에서도 흔적이 없는 손이 내 손을 뚫고 나온 일에 대해

두건을 눌러쓴 배교자들이 깊고 큰 함정을 파 나를 던지고
삽으로 시커먼 바람을 일으키고 있어 목을 다 묻을 때까지
귀와 관자놀이 광대뼈 밖으로 연초록 새싹이 자라나고
우스꽝스럽게 나는 사라질 거야
복잡미묘한 표정 아래

# 너를 속이지 않기 위해 나를 속이다

진주와 수정으로 장식된 이 의자에는
인간을 수천 번 까무러치게 하다 죽일 전류가 흐른다
하늘과 땅은 처음의 어둠과 혼돈으로 돌아간다
나를 위해 의자는 네가 만들었다
날카로운 금속 발톱이 빼곡히 박힌 등받이
추락의 공포를 충분히 맛보게 할 높이의 네 다리
엉덩이 살을 단숨에 찢어버릴 얼어붙은 얼굴
감수성이 풍부하고 논리적인 네가 만들었다
통증을 줄이기 위한 어떤 조치도 없는
출생 이후 주욱 비가 내렸고
날이 샐 무렵 바위에서 팔꿈치를 떼면
피와 고름이 묻어나왔다
달아나려 애쓰는 발꿈치는 계속 닳아가고
조금만 있으면 잠들 수 있고 꿈꿀 수 있는데
떠나지 않은 나머지는 화석이 될 것이다
코와 코를 맞대고
귀신은 붉은 입술을 움직여 웃는다

우리가 무슨 상관이 있는 지 생각해 봐
누군가 먼저 사라져야 끝나는 공포 말고
아직 남아있는 무릎을 만진다
모래시계가 멎는 동안
무릎은 한없이 멀고 낯선 행성의 내부
놀란 원숭이 마냥
나는 사방으로 흩어진다
시시각각 달라지는 웃음소리를 들으며
언제나 그랬듯이
너를 속이지 않기 위해 나를 속였을 뿐이야
우리의 시간이 다르게 침묵한다
서로에게 동의할 수 없는 말의 장지를 고르고 있다
랍비로 태어나 랍비로 죽을 것처럼
멋대로 지껄인 한 순간을 용서받으려면
얄팍하게 살아야했다 흰 장갑을 끼고
이상 없는 복부와 머리를 괜스레 열고 닫으며
까마귀떼 소리가 이렇게 편한 줄 몰랐다는

무릎을 두드리며 우리의 의자 앞에서
아직 행복할 수 있다

# 은밀하게 위대하게*

남의 방에서 죽은 시
거두어 등에 업었다

머리에서 발끝까지 전염성 강한 열꽃이 덮였다
바깥은 어둡고 칼바람이 뺨을 스친다

몰래 갈 곳은 깊어야 한다
다녀간 사람조차 찾을 수 없어야 한다

한 손으로 입을 틀어막고
다른 손으론 흙을 판다

아주 작은 구덩이에 다리 오그린 시를 눕힌다
이 끓는 시를 내린다
빈 젖 물고 숨이 멎은
시를 심는다

거친 머리카락이 돋아나고 있다
기름진 두피를 뚫고

어디가 어딘지 내가 누군지
구분 못 하는 바보 천치로 산다
이것은 상부에서 내린 명령이다

가끔 생각날 때가 있다

―――――――――
* 장철수, 〈은밀하게 위대하게〉

## 타동사의 시간

죽은 자의 그림자를 잘라낸다
너무 뜨거워서 손바닥을 데인다

먼 나라로 떠나던 낙타의 묵묵한 발걸음을 잊어버린다
한 순간 터져 나오던 외마디 비명을 잊어버린다

나의 그림자는 그의 그림자로 두꺼워진다
아는 것은 점점 모르게 되고
울지 않는 무례한 사람이 된다

그림자가 없는 자는 쉽게 증발한다
피 한 방울 흘리지 않는 발목으로
출구를 마련해주기 위해
한때 벽이었던 바닥을 일으켜 세운다

그림자는 뒤집어지며 뒤는 앞자리를 차지한다
뒤는 앞과 닮아있다

고 주장해야 한다 영원히
남편과 아내로 죽을 사람들의 목소리로

신분에 맞지 않게 가위질은 계속된다
너와 나의 구별이 가장 힘들어지면
누가 무슨 짓을 할 수 없을지
아무도 모른다

불가능에 대한 책임을 조각할
더 많은 관객이 필요하다
더 많은 그림자가 필요하다

하루 종일
빈집을 보는 어린아이같이

몸을 숨기고 환한 바깥을 훔쳐본다
저 그림자는 언제부터 땀을 흘리고 있다

# 왜

손이 제 뼈를 발라내며 부글거린다
끓는 뼈에서 잘 삭은 표정이 우러난다
관자놀이로 기름이 들락거린다
국은 기인 이별처럼 점점 진해진다
자정이 뜰채를 들고 걸어온다
폭설이 내리고 국이 깊어진다
누구의 몸에서 비롯된 건지 알 수 없도록
끊어지고 뭉개져 이 순간
우리는 겹쳐진다
식어가는 대기 속에서
희고 딱딱한 덩어리가 만져진다
도려낼까 으깨어버릴까
손이 제 뼈를 다시 살에 심는다
국은 아기 울음을 내지른다
허겁지겁 소리가 탯줄을 씹어 삼킨다
버려진다
비워낸 얼굴 비워진 가마솥

바닥의 금을 들여다보자
삼바 춤을 추는 격렬한 유리 구두
그렇게 꼭
당신은 저를 죽여야겠나요?
건전한 세상에서 오래오래 살 생각을 한다
밤마다 크기가 다를 뿐
변기 주위로 똑같은 지네가 돌아다닌다
죽여도 죽여도 죽지 않는 마디는
버려진다
활발하게 검다

# 도깨비춤

멀리서 명랑하게 목소리는 행진해온다 무엇이든 부수고 무엇이든 붙여드려요 혹은 무엇이든 부수지 않고 무엇이든 붙여드리지 않아요

서로에 대한 이해와 아무 상관없는 춤이 계속된다 무엇보다 무겁고 무엇보다 가벼운 도깨비 방망이 한 사람 손에 들려 곱사등이 춤을 춘다

비로소 바다가 제 살을 뭉텅뭉텅 뭍으로 집어던진다 한 덩이 두 덩이 환한 물로 빚어진 아이들을 오랫동안 펼쳐둔 선착장 제단 앞으로 기다려온 불꽃놀이 폭죽처럼 13人*의 아이가 도착하고 있다 거대한 심해어를 타고 비린 해초내를 풍기며

더 이상 꿈을 묻지 않는 부모와 식도가 아닌 기도로 풋사과를 나눠 먹고 목젖이 알싸해지도록 사이다를 들이킨다 어스름 속에서 모두 먹고 마신다 은빛 발자국을 가만히 어

루만진다

　드라이아이스 위에 산 자는 불타는 몸을 누이고 죽은 자
가 찾아와 노오란 꽃을 덮어주는 나날 찢겨진 잠수부의 머
리가 노래를 부르며 한곳을 맴돌고

　부산하게 도깨비춤이 이어진다 성공적인 테마는 옆구리
로 쏟아지는 피와 물에 적신 혀끝으로 새롭게 쓰일 역사 모
조리 골절된 손가락 무엇이든 잡아야 하겠지요?

　열려진 채 굳어진 눈꺼풀에서만 발견되는 위험한 침묵
이 있다 지상으로 끝없이 부활하는 이 춤을 가리키는

---

* 이상, 「오감도」

# 당신의 올바른 선택

어느 여름 장대비 쏟아진 날
이런 식으로 자신의 관을 준비한 사람들은 많았습니다
이번에는 정말 성공하시길 바랍니다
당신도 같이해보시면 어떨까요?
우리가 아무 사이가 아니라도 같이 못할 짓은 아니지만
지금은 뭔가를 선택해야 할 때입니다
예나 지금이나 늘 이렇게 살아왔는걸요
이브가 된 느낌이에요 아니, 아담인가요
창문 틈새로 테이프를 꼭꼭 다 발라 두었습니다
미안합니다
자식도 남편도 죽였으니 이제 당신 차례라고 생각합니다
돈이 가장 무섭다는 생각이 드네요
당신 몫은 충분히 받지 않았나요?
옷이 무겁다고 발가벗고 길에 나가 죽을 수는 없는 노릇
이죠
아시다시피 이렇게 간단하고 쉬운 방법이 있다고요
번개탄을 피우는 것!

내일 일은 내일 염려하는 습관을 길러야 했는데
종교적으로 처리하는 법을 배우지 못한 탓입니다
힘드실 텐데 말을 아끼세요 호흡이 거칠어지고 있습니다
빨리 끝났으면 좋겠습니다
누구 맘대로 말입니까?
뒤치다꺼리를 생각하니 벌써 골머리가 아프다고요
제가 올바른 결정을 한 것이라고 말해주세요
마지막까지 배우답게 퇴장하시면 됩니다
언제나 최선을 다해 살아왔을 뿐입니다
당신이 언제나 꿈꾸던 것은 무엇입니까?
정말 지긋지긋한 질문이에요
훌륭한 책에 나올 법한 대답을 요구하진 않았는데요
바로 이런 것입니다 끝까지 미쳐가는 것!
당신을 돕느라 외로움을 느끼진 못하겠네요 어떻게 감
사를 표할지?
　이런 식으로 자신의 관을 준비할 사람은 많습니다
　어느 여름 장대비 쏟아지는 날 아니더라도 말이죠

제
2
부

# 남과 여

태우고 또 태워도 남아있는 것이 매워 남자는 운다
칼은 종이로 만들어진 것이 아닐까*

쑤욱 빼어 문 혀가 들썩거리는 뒤란
고막을 막은 귀로 그리는 나무에
길고 강하게 톱질을 하는 여자

달이 별과 물을 긷는다
한 몸으로 만나 따로 허공을 노니는 두 손으로

_____

* 이순영 시인

41

# 그것이 무엇이든

배롱나무를 쓰다듬자
우리는 작고 가는 백사(白蛇)가 되었다

풀밭에 떨어뜨린 입을 찾으려다
부서진 나무껍질을 주웠다

맨손으로 움켜쥐자
사금파리들이 떨어져 내렸다

어떤 꽃도 비껴갈 수 없는 한 계절이오면
허물이 아닌 어떤 것
지느러미가 아닌 어떤 것들이
긴 꼬리 파랗게 그으며 바다를 건너갔다

섬에 내리다 혀 없는 조가비 하나를 주웠다

손에 쥐고 흔들자

비늘 달린 말들이 튀어나왔다

찾고 싶던 입은 아니지만
자세히 보니 입매가 너를 닮았다

코 밑에 달자 낯선 그림자가 생겼고
해의 위치가 바뀔 때마다
사람들은 서로의 이름을 다시 묻곤 했다

# 요술 사과

작은 새들이 부풀고 있다
토성의 조문을 받으며
바싹 마른 장작더미 위에서
집중적으로

마침내
뜨거웠기에 가능한 일들이다

수없이 바느질한 속주머니가 다시 터지고
정체불명의 단추들이 날아오를 때
만져본 적 없는 손가락들이 튀겨져 나온다
맞춰봐 우리, 마지막 단어를

시간은 술 취한 신이 재채기를 연발하며
달려오기 직전까지만

허용한다

급커브를

말랑거리든
따끈거리든
출렁거리든

부리 밖에서 출구를 찾던 혀가
귀를 뚫고 나온다

서늘한 피가 목덜미로 흘러내리지만
돌을 움켜쥔 발을 이해할 수 없다
결코 손을 내밀지 못하기 때문이다

물결이 서로의 눈빛을 부풀리고만 있다
먼저 꺼지기 위해

남겨진 자는

먹어도 먹어도 줄지 않는
푸른 사과를 처리해야 한다
어떻게든

# 껍질째 먹는 사랑

끝내 돌은 죽은 소라게를 닮는다.

저기, 더 쉬운 일은 없나요?

속죄할 필요가 없는데도
자꾸만 껍질 속으로 뒷걸음질 친다

껍질은 가장 깊고 서늘해
사과나무처럼 널리 재배되고

아직 서로를 당기고 있다

# 미션 임파서블

구름은 갓난아기를 입양했다
잉태와 출산의 기억이 담겨있지 않은 집
검고 둥근 트램펄린이 놓여 있었다
유전자가 다른 아이들은 난생 처음
점프를 하고 구름 한 점씩을
안쪽 호주머니에 숨겼다

젖은 바지를 거꾸로 털어내면
장미와 돌멩이 머리카락
개의 발톱 같은 것이 떨어졌다
짧은 포물선의 끝 수평선 너머로
나는 발돋움을 했다
키보다 먼저 자라던 그림자

그림자가 고개를 돌리는 방향을 따라 가면
뇌와 입술이 부풀었다
구름의 세상에서 흔히 일어나는 변형

나는 자연스럽게 웃었다 그때
나랑 상관없는 부모들이 울기 시작하고
자기만 아는 은밀한 이야기를 버렸다

나는 피부가 아닌 허파호흡을 시작했다
공기를 가득 들이마신 허파꽈리들이
수축과 팽창을 반복하자
몸 속 구석구석 구름이 녹아 내렸다

고요히 물의 리듬에 몸을 맡긴다
입에 재갈을 물고 생살을 찢어
두 다리 사이로 파란 원숭이를 낳는다
손발이 이마에 붙은

## 넬라 판타지아*

검은 고양이 젖을 먹고 자란다

귀가 뾰족하고 밤에는 찬란한 것
그 밖에 별의 조건은?

물어보려면 낮이 와야 했다

달동네 꼭대기에 마녀가 심은 나무가
아직 자라고 있었다

믿는 사람의 귀를 찾아오는 말은
혼자 태어난다

공사가 중단된 성전 때문에 매번
뒷산과 하늘이 들쑥날쑥했다

놀이를 잊은 입술이야

잘게 손톱으로 뜯어내면
죽어가던 박쥐들이 날개를 퍼덕거렸다

어디든 여기가 아닌 곳으로
그들은 사라졌다

작은 엄지와 검지로
털을 곧추 세운 하늘을 구부리면

하늘보다 큰 그림자가 휙 스쳐갔다
분명,
새였지만 새가 아닌 것 같았다

---

* 엔니오 모리꼬네, 〈Nella Fantasia〉

# 어디에 둔 모래시계

얼결에놓쳤던개가있다

개는결코다시지나갈생각이없다

개를어떻게만날까궁리한다

개는분명다른곳으로달려가목을축인다

일부러개는그때내건조한눈깔을찢으며덤벼들었다
아니그저제갈길로달려갔다

그럼에도내내면의중심은그개로뒤엉킨다

이제는개가아닌개

송곳니로폐를물어뜯지도왕왕짖지도않는

통로로빠져나가는소용돌이

기묘한아픔을점검하는강박

아무래도
나는개에게야금야금삭제당한다

# 에덴의 언어

할렐루야

혀에게 치타를 가르치고 싶어
어느 때보다 빨리 뛰는 붉은 맥박
치타로 말하고 싶어
앞뒤로 유연하게 등뼈를 움직여야지

지상에서 가장 빠른 속력을 낸다면
한 번에 여러 개의 의미를
네 앞에 물어다 놓을 수도 있어
치타 이전의 치타
선명한 발자국을 보겠네

차갑고 습한 복도에 무릎을 꿇은 너는
뜨거운 부화 직전의 알
커지고 넓어지는 구멍
혀는 검은 얼룩으로 뒤덮이고

허파와 꼬리가 커지고 있어

혀가 치타를 배워 치타로 하는 말
귀를 버린 자만 온몸으로 듣는 빛

치타가 된 혓바닥 붙붙은
가시떨기 나무를 신고 질주하네

검은 엑스 표가 된
입에서 입으로만

할렐루야

# 엘리 엘리 엘리베이터

지하에서꼭대기까지가아닌지금두발이밟고선
엘리베이터가아래위로만움직인다는건오래된
거짓말움직임은느낌으로알지수평선을따라왼
쪽과오른쪽으로나있는길에서자꾸만차갑게끌
어당기는음수의힘끌려가다부딪히는얼굴들부
서지고썩고피어오르다사라질때엘리베이터는
반대편으로밀려나지모닥불에지펴진시간이끝
없이아이를가랑이사이로내보내지꼭쥔주먹마
다간직한손금에선상처입은새끼의피냄새가진
동하지엘리베이터벽엔구름돌고래무늬가있어
소리쳐부르는누구라도자유롭게시공간을누빌
수있다네느낌은대숲에일렁이는바람돌고도는
물천둥과벼락관속에누운사자의손톱과머리털
이자라는소리삶과죽음이체위를바꾸며서로를
알아가듯느낌으로알지눈을감아봐봉오리가닫
히듯갓태어난눈과사물이만난듯그렇게움직이
지마소리아닌소리생목숨끊은자가놓친저소리

발가벗은이느낌살며시눈을떠봐맨발로들어선
이곳은장엄한태양이뜨고지는찬란한하루수천번
몸바꾸는

# 도굴

나의 무엇이 빈 자루를 흔든다

잘 익은 빵과 옷감으로 달래질 허기가 아니라고
안감이 닳고 구멍까지 난 자루는 중얼거렸다
모래가 다 흘러내린 시계는 뒤집힐 수밖에 없다는 자각이
살을 녹이고 있었다

너를 뜯어보며 도굴꾼처럼
파라오가 안식하고 있는 관 속 더 작은 관
제일 마지막 너절한 붕대 뒤를 갈망했지
구역질이 그간의 모든 작업을 수포로 만들 때까지

새벽이 드러낸 건 제물의 흔적
제기 위에 오른 머리뼈는 무엇에 봉사한 걸까
먼 여행을 위해 순장당한 몸이
고독한 자세로 누워 있다

얼굴을 맞대자
검게 삭은 눈구멍으로 떨어지는 눈들
지나치게 가까운 거리는 재앙을 부른다
누워서도 바란 것이
누군가의 입술과 손이 아니라면, 무엇일까

낡은 심장을 수리하고 탁한 피를 걸러 가며
천만 년을 더 보낼 것이다
자루 하나 깨끗이 먹혀지는데

# 빨강을 향한

어둡고 따뜻한 공간
레몬은 레몬을 상상하고
나는 나를 상상한다

다섯 개의 파랑 블록과 한 개의 빨강 블록으로
맞춰진 정육면체 주사위

달력의 소리가 들리지 않는 방에서 논다
각을 둥글리고 있다
조로한 얼굴은 자꾸 비상구 쪽으로 돌아간다
문은 점점 작아지고 길은 좁아져간다

바깥에서 한자리를 맴돌던 사람들은
달력을 찢어 종이비행기를 만든다
크고 두꺼운 비행기는 비호감이다
비행은 주목받지 못하고 떨어질 것이다
추락의 공포 때문에 날개는

날개를 끝까지 고집하는 데 실패한다

시간의 벽이 나를 압박해온다
망설인다면 영원히 갇힐 것이다
결심은 생과 사의 주상절리에서
온몸 내던지는 번지점프를 끌고 온다

한 개의 빨강을 가졌기에
나의 머리와 심장은 터질 것 같다
무엇이 나올 거라 확신할 수 있는 이 누구인가
질긴 밧줄이 잘리고 있다

어둠 속에서 반복되던 꿈처럼
나는 허공에 거꾸로 매달린다

# 미성년자

사라지는 목 밑으로 안개가 몰려든다
되돌아오는 고백이야

식사 때가 아닌데도 배가 고파
안개를 되새김질 하고 있어
납작해진 이빨 사이로 내가 끊은 전화음이 자꾸만 새어
나와
피처럼 비처럼

손으로 눌러도 소용없어
샘솟는 것들을 너는 무엇으로 막니?
오랫동안 갇혀있으니까

죽기 일보 직전에 떠오르는 힘에 대해 생각해
없던 일을 없어지게 하고 싶진 않아
희망과 상관없이
보여주고 싶은 게 있어

헐어버린 눈과 입을 열어서

불량식품을 먹고 배앓이 하는 중이라고 너는 말하지
유통기한을 중요하게 생각해본 적 없잖아
일주일에 몇 번 부모와 집에서 자는 건지
술을 어디서 멈추어야 하는 지처럼

나는 멀쩡한 정신으로 고발하고 있어
뜨거운 창 밖에서 시원한 실내를
일용직으로 떠도는 아비와 독이 척추로 오른 어미를

바다와 하늘이 감옥으로 변하는 걸 보면서
너는 비싼 악기를 팔아 합의를 볼 생각뿐
감옥이 감옥인 건 변하지 않는 인격 때문이야

밤이 가장 길고 낮이 가장 짧은 나날이
동시에 우리의 몸을 떠오르게 할 거야

가본 적 없는 백화점에서 걸려온 전화를 받는 기분으로
나는 잃을 게 없고 너는 구속될 거야

해부시간 팔딱거리던 개구리
고백이 자백이 될 때쯤
누가 미성년자인지 알게 될 거야

제
3
부

# 귀의 겨울

절름발이 사과를 귀로 베어 먹습니다
사과 아닌 사과를 귀 아닌 귀가 견디지 못해
붉게 녹슨 귀로 움푹 속살을 파내어
허기진 달팽이를 먹입니다
노란 사과 한 점이 달팽이의 식도를 따라
위와 항문을 거쳐 나오는 과정이
우리의 얼굴을 닮았습니다
아무도 찾지 않는 얼굴에는 출구가 없습니다
물로 그린 문은
민달팽이의 항로처럼 금세 증발하지요
몸의 지도가 허물어집니다
태양신은 물 알갱이로 가득 찬 제물을
그냥 두지 않습니다
풀잎의 끝에서 떨며 우리는
절름발이 사과를 귀로 베어 먹습니다
달팽이가 천천히 떠나간 귀로
바람은 노래를 부릅니다

둥근 상에 마주 앉아 우리는 빈 찻잔을 놓고
끝이 기억나지 않는 이야기를 나누었지요
잔에 스민 대추와 감초 냄새를 귀로 썹으며
검은 가구 하나만으로 장식된 야간열차를 타고
몽마르트 언덕으로 갔지요
캔버스와 붓도 없이 서서
사람들아 나는 무엇입니까
작은 우리에 살고 있으니 새입니다
온 몸이 귀로 된 기형의 새이군요
물소리로 귀를 채우고
짤랑짤랑 동전 소리를 내는
멸종 위기의
그래서, 우리에 갇혀 보호받는 운명의 새
차는 달작지근하고 따뜻해
우리의 귀는 자귀나무 꽃처럼 벙글어지고
귓불은 붉어집니다
귓불을 만지작거리자 민달팽이가 잡힙니다

엄지와 검지 사이로 내려다본 대지는
아득합니다 우리는 흩날리는 빗속
달팽이를 붙들고 패러글라이딩을 하는 중입니다
문득 귀는 겨울이고
삼월토끼의 파티장을 횡단하고 있습니다

# 장님

하나의 자물쇠를 열지 못하는 수많은 열쇠만을 만들었다
그렇게 살 수 밖에 없는 거다
목이 잘린 채

포기하라는 네 말을 따르지 않은 것이 다행이다
장마 진 거리에서 내 귀는 결국
십 수 년 된 노래를 당겨 삼키고 만다

머리가 어지럽고 속이 부글거릴 때 석유를 마시면 정말
좋아질까
날개를 지상에 묶는 법을
끝까지 연구 중이다

한 번 펴면 접을 수 없는 날개는 결국 부러진다
단 한 번도 자른 적 없는 머리카락 썩둑 썰어
정수리에서 하늘로 이어지는 길 내고

그렇게 살 줄 밖에 모르는 거다
배를 뒤집고 쓰러지면 그녀처럼 죽는 거다

발이 바닥보다 느리게 떨어지고
늘 봄바람 부는 들녘에 서서
어디쯤에서 몸 잘린 길 되짚어 보는 거다

깨어지고 더럽혀진 채 뒹구는 사금파리 가장 눈부셔라
반항적인 이목 구비구비
홀로 불렀던 노래는 정녕 빠르다
피가 다 빠져나간 넋에 실려 이리 저리

맨발로 쓸 수 밖에 없는 거다
비겁한 건지 용감한 건지 누구에게도 묻지 말자

혀끝에 핀 코스모스
강심에 빠진 별똥까지

오직 귀로 존재하고 마지막에 가까워진다

뿌리를 향해 타들어가는 꽃의 속력을 어떻게 계산하나
맨 눈으로 고작 건져 올린 건 몇몇 불가사리들
밖으로만 떠도는

테두리가 허물어지면 안과 밖이 뒤바뀌고
귀가 삼켜질 때 시작되는 완전한 어둠
송곳니는 감추어져야 한다는 것을 안다
언제부터

거대한 인력이 단호하게 두 눈알을 뽑는 중
피가 없어도 피가 마르고
눈이 없어도 눈이 보이는 순간의 이상과 이후

모두 보게 될 것을 다만 먼저 보았을 뿐
육(戮) 시의 태양은 어둡고 차가워라

제 발 아래는 열심히 환할지라도

# 언제 말하려던 인문학적 농담

이런 이야기는 어떻게 꺼낼까요
어느 세월에 끝날지 모를 소설로 힘 빼고 싶진 않으니
언제 어떻게 될지 모르는 시로 말해봐요

실내 장식을 바꾸고 배우자가 봉변당하는 기도를 올리며
감정과 생각이 얼어붙은 식물을 상상하면서
울음소리가 상큼한 염소의 수염은 스카이에 기부할게요

지금 당장 이혼하고
언제 떠날지 모를 탄자니아 행 티켓을 예약했으니
폭탄주를 처음 마신 시골처녀의 표정으로 잠깐,
너무 와 닿는 사내의 물건은 사양합니다
너는 좋아도 나는 싫은 게 있다구요

나비를 박제한 목걸이 수준 떨어지는 뮤지컬
짐승남과의 데이트 차라리 레즈비언이 더 섹시할지
누가 알아요? 빙고!

추구하는 가치는 불분명하지만
나름의 선입견을 가지고 얼마동안 바쁠 거예요
꽉 찬 쓰레기통을 비워주신다 해도
매일 몇 번씩 사라지는 왼손을 찾느라
가사를 까먹은 팝송을 웅얼거리느라

네 우스운 농담은 자식한테도 가르칠 거예요
날씨는 종종 기분을 벗어나
스페인어를 구사하는 고객을 만날 때마다
결혼반지는 살짝 빼버리고
오늘의 파티에서 입에 손가락을 넣을 것
널 끝까지 챙겨줄 거야
둘리 티셔츠를 벗고 에로틱하게
배설은 사절이야 그물 스타킹에 걸려서
말이 헛나갔을 뿐이라고 생각해줘

차를 몰다가 가슴 예쁜 카나리아를 치었을 때처럼
진짜라구 잠을 설칠 정도로
이건 당신이 좋아하는 자세가 아닌가요?
서로 알아가면서 좋아하면 어떨까요?

결백하게 오 분 느린 시계를 찼을 뿐인데!
도시의 추방당한 어둠을 기리며
잠시 가까이 와서 휴식을 존중해 줄래요?
결코 변하지 않을 거리가 우리를 추하게 만들고 있어요

# 문둥이 찬가 2

온몸을 땀으로 적시며 문둥이는 문둥이의 이름을 닮는다 손은 발을 잃어버린다 극복하기 어려운 생각은 잘려나간 머리칼만큼 빨리 자란다

삶은 죽음보다 어리둥절한 모습으로 돌아다닌다 부레를 도난당한 채 물고기가 해석할 수 없는 웅덩이에서 아벨보다 카인은 옳다

결국 캐나다로 가지는 못할 것이다 통행은 제한된다 해태의 줄기세포로 배양된 벽 백태가 가득 낀 바닥 누구든 단번에 알아차리게 되는 캠프의 엄격한 윤곽 어디를 가나 쫓아오는 먹장구름 분쇄기 강철 이빨로 문짝을 씹어 삼킨다

땅으로 떨어지는 건 퍼런 모가지 비 어떤 은쟁반으로도 받지 못한다 연한 혀로 과자 부스러기를 핥는 허기진 문둥이들이 자기들의 형상으로 네 그림자에 들러붙었기 때문

이길 수 없는 싸움을 시작할까요? 양손에 무기를 든 검은 옷차림의 손님들 드레스코드에 맞춰 입장하겠습니다 화약 냄새를 맡으며 같이 댄스를 추자구요 모두 피바다에 쓰러질 때까지

아무도 몰랐던 거야 세상의 지도가 크고 넓어서 아주 작은 섬 하나 놓치는 일이 자연스럽듯 사람들은 벌레를 가만히 들여다보다 머리를 정조준 엄지로 꾸욱 눌러버리곤 하지

폭죽을 터뜨리고 으깨진 살갗으로 흐르는 파란 혈액을 맛보며 해저 가장 뜨거운 곳에 사는 어느 생물의 껍데기가 단단한 금속이라는 사실에 놀라 팔짱을 끼지 시커멓고 딱딱하게 발기된 뇌 속엔 죽은 바벨 피쉬*의 배설물이 가득하다

책장이 부서진다 다리 사이의 성기가 실험적으로 절단당한 아이들이 환한 바깥에 가두어져있다 배식때마다 길

어지는 줄을 바라보며

백과사전어디에도네가찾는문둥이는없다

* 더글러스 애덤스, 『은하수를 여행하는 히치하이커를 위한 안내서』

# 시바

입을 아무리 크게 벌려도 다 받을 수 없는
눈이 내려, 시바

검붉은 피로 �꽉 찬
지상의 생간을 아흔아홉 번 파먹었는데

한 번만 더 손을 뻗친다면
미래가 과분하게 달라질 것도 같았는데

불현 듯 돼먹지 못한 방향을 고집하며 나는
무어라 탓을 하고 싶어져

토막 난 혀로 끝없이 육도를 윤회하던
파계승!
동백섬 에두른 바다에 뛰어내린
수면에서도 물거품이 되지 못하고
쌍욕으로 오도송을 씨부린

그래야 했다고, 시바
두 팔을 날개처럼 펼치고
다음 생은 뱅글뱅글 춤추는 여자여야 했다고

마음껏 자위하여 세속에서 열반에 들어보자
목탁은 미물도 칠 줄 알고
제 몸뚱이 해 앞에서 이리 꼬고 저리 비트는
날마다 지구도 염불을 잘잘 외우는데

공이 무명으로 만삭이 되니
시의 거친 유산이 회복되고

갑자기 검푸른 목이 튀어나오는,

# 첫 시집

난생 처음 광활한 몸
통제할 수 없는 낯선 괴물이

나타난다

고향으로 돌아가는 길은 텅 빈 섬들로 대체되고
가도 가도 더 막막해진다

균형을 잃은 쌀알보다
더 가벼운 세계가 쏟아져 흩어지고

비자발적 개명은 둥글게 휘어진
바다의 거품을 훔쳐온다

뱃속에서 이미 유산된

# 자꾸만기어오르는여름

스타일리시한해와구름맑고깨끗하게정돈된돌속에살고
있는수수께끼노랗게굴러다니며부딪히는복층의시선들크
고둥근눈물로빚어지는여름옆구리로번져나오는신성한향
기그한가운데요구적인구멍꾸역꾸역불멸의새끼가머리를
내밀고집보다길이더익숙한사람들이들락거리는거칠게으
르렁대고충동적으로물어뜯는겁먹은입존재만으로도가능
한고문살과구멍이서로조르고파먹으며돌은아득해진다소
리와바람을들이고별별무언가를다들여누구도스스로끝내
지못하는반대로걸어와서반대로걸어가는뒤틀린다리를삼
킨돌급격히세일중인꿈눈이닿는곳마다생소한악보가그려
져있어온전히발가벗은귀로만오르내릴수있는이것은아름
다운일인가요?정말몰라서기어다니던순간부터눈앞에서출
렁이는것은유리가루를먹인외줄뿐이었는데이세상에서저
세상까지저세상에서이세상까지도피중인발바닥깊이파고
드는음들은떫고시큼해바늘돋힌초강력꼬리를마구흔들어
대며믿을수없는증언만을늘어놓죠너보다더크고깊은멍을
수없이보았어요환한고름과부스럼앞에서모두동의를표하

83

며고개를끄덕여야지외줄은정교하게음험한길목발목지뢰
처럼가득묻혀진도돌이표들텅빈핏자국들이부르르몸을떨
고우리가결코 동시에밟을수없는작고빨간혀허공에묻은물
기를핥아먹고

　장마진방광을터뜨리면쏟아지는정체불명의육회들

　눈에건져지는모든물찰랑대는물밑은어머니들의

　나라*어렵게가져온향로의연기속에서파리

　스와헬레네가나타나요고대의끈과끈을

　묶은채풀과꽃을뜯어먹으며자란염소한

　마리고기먹는개보다구린똥을싸지요동

　글동글한감상은말뚝을중심으로그리는원

　바깥에서부탁드려요동글게동글게짝검은털로

　뒤덮힌네다리의연주위대한밧줄에모가지를맡기면

　수온이올라가고숨바꼭질은자주중단되고동글게동글게

　짝이특별한환영이사라지지않도록개가죽을뒤집어쓴얼

　굴에만비치는기이한열정슬픔을이용해판을뒤덮으려는

　비이성적**발푸르기스의밤꿈틀거리는점과선다양한사

건들마녀는쿠폰으로동물을부리고동물은사람을부려개구
리가되고야수가되고돌이되어이쪽저쪽진정화해로운순간
서리가내리고농사를망치고사고로죽고더는어떤소리들려
오지않아도도박처럼다리위로자꾸만기어오르는여름고드
름만큼차갑고채집통처럼단단히잠긴위장은푸른기왓장위
에던져두고

---

* 괴테의 『파우스트』
** 김지하의 〈조선일보〉

# 즐거운 회식

LA갈비를 먹고 있습니다
뜨거운 숯불 위에서 다섯 시간을 익힌
속이 쓰려옵니다
당신은 다른 여자와 결혼을 하고
나는 당신과 데이트를 합니다
이것은 인내심의 문제입니다
더 이상 무슨 문제가 있나요?
그렇다 해도 누구의 의견도 필요하지 않습니다
우리는 여전히 죄인이고
간단히 처리할 일도 복잡하게 만듭니다
소의 숨통을 끊어 놓고 다음 할 일은
살점을 섬세하게 잘 도려내는 것인데
마지막까지 차오르는 피가 일을 복잡하게 만듭니다
충분히 먹은 것 같은데 석쇠에 갈비를 더 올리고 있습니다
나는 다른 남자와 결혼을 하고
그는 당신의 여자와 데이트를 합니다
우리는 역시 죄인입니다

살해당한 피로 손을 깨끗이 씻으면
누가 우리를 빌 줄 수 있을는지요
갈비는 말이 없고 얼굴이 없어
마음껏 즐길 수 있습니다
조심할 건 아무것도 없어요
오직 피, 피, 피만
의도적인 불이고 물입니다
꼭 있어야 할 몸의 마블링
그 앞에서 우리는 의심스러운 존재입니다
갈비 앞에 짝짝이 젓가락을 든 채 옹기종기 둘러앉아
작고 아름다운 모임 중인

# 추정되는 나

가장자리만 잡풀이 무성히 우거져도 원이겠습니다 활발히 잘 썩은 머리에서 출발해 수십억 년 지나 꼬리에 도달 음원 일등을 한 끝소리라 흐느끼겠습니다 진실은 엎거나 뒤집어도 차이가 없어야지 두 유 러브 미?

먹고 사는데 지장이 없는 부요한 허니버터칩일지도 모릅니다 부동액을 만드는 그림자를 꼭 붙들고 놓지 않으니 칼인가 봅니다 돌발적이고 xx 템포가 빠르고 xx 경쾌한 후렴구를 가진 마카다미아 같습니다 남아있는 이x빨x 몇 개가 레알인지요 붉은 토마토 꼭지로 녹을 닦는 손을 물어뜯는 팬서비스까지 그리고, 관객 매출 역대 최고인 사과의 난

굶주린 사과가 서로 잡아먹는다는 것이 사실입니까? 빨간 사과는 씨째 한입에 파란 사과를 빨간 사과는 파란 사과 이빨을 본 적도 없다는 것도 사실입니까? 농익은 빨강이 손자국으로 물렁거리는 동안 불패의 파랑이 자라고 있다는 것이 사실입니까? 어디서 본 저칼로리 샐러드 위로 달

팽이가 기어올라 신선놀음하다 애플을 건드려 너, 프라블
럼 빨강과 파랑이 동시에 레드와 그린을 비웃고 무엇이 무
엇을 소외시키려 한다는 것이 사실입니까? 생명체의 증거
인 색깔들이 각을 세우고 사과가 애플을 애플이 사과를 맥
주잔 부딪히듯 언제나 배반한다는 것이 사실입니까?

어디에다 감히 내밀 수 있―?
아직 장례를 치르지 못하고 흩어져 있는 비공개

갉아먹는 사과
갉아먹힌 사과
그 갈라져 터져버린 민낯의 위장은

우리 사이로 들어서는 수만 개의 그래서를 촬영중인 그
이거나 그녀일 수 있겠습니다 오고 있는 DNA 분석 결과를
믿으면 되겠습니까 아무리 무릎을 꿇고 또 꿇어본들 나도
내가 누군지 모르겠는데

# 아프리카 빌리지 무용수

손잡이의 좌표가 부서지고
윌리엄 텔의 화살은 사과를 비껴간다

어떤 말도 편지가 되지 못할 것이다

한때 갈기를 흔들며 포효하던 몸이
서빙과 설거지를 하고 호객행위를 하는 동안
잿빛모자는 망루에 올라 국경을 감시한다

모세의 지팡이는 저렇게
다른 세계에서만 빛나는 걸까
메시아는 언제나 한 발짝 늦게 도착하고

바닥을 구르는 토르소는 흠집투성이
다비드의 검은 팔다리 꺼내기 위해
옆구리를 비틀고 온몸 부딪쳐보건만

의자는 분명 인어의 허리를 가지고 있다
바라볼 때마다 미끄러지는

# 피에로

인사를잘하는사람이있다

대기의힘줄이강직될 때눈과눈마주치지않아도고개와허리가먼저상대를알아본다

메스로입꼬리를찢어만든미소로그는인사하고이제까지그래왔듯그모든몸짓과말은허공으로발신된다

사람을믿지않는사람이있다

무한정자라나는코는뿔고양이와노루개와뱀을먹고자라펄떡대는심장너무자주벗겨지는탓에모두돌아서며그를비웃는다

피에로는페이스페인팅을즐긴다아무도벗겨낼수없고알아차릴수없도록진한물감으로원하는표정을쓰고출퇴근을한다

가면과페이스페인팅이만나면Z가된다

그값은직선적이고어두운만남이다

세상모든쇠가녹슬고바위는부서지고꽃이시들듯그값도달라질수있지만

인사를잘하는그에게그날은거짓말이다떠나간애인이아

끼던개와초콜릿의순간이다항문을이어만든날개달린물고
기멀쩡한옆구리에돋아난기형의다리를가진도롱뇽이다

　어떤확신도없이그는인사를한다아무튼한뼘또한뼘시계
바늘은가랑이를벌린다

　몸을둥글게휠때마다일회용가면이벗겨진다마른손을뻗
어줍고일어서면상대는저만치앞서걷고있다

　벌거벗은얼굴도살당한가면은철로만들어졌다

　어떻게어디서끝날지모르는인사를고집하느니밝고화려
한페인팅을할까그도생각한적은있지만그순간뿐다시일상
의질서로들어가면X와Y는만나Z가된다

　그값은있으면서없는것중요하면서아무것도아닌것F에서
AA에서DV에서C실은무엇이만나도Z는늘같은값일거라며

　타인을향해수학적인사를발생시키는사람이있다

# 어찌어찌

삶이 실패했다고 느낀다면
옷 입는 방식부터 바꾸면 어떨까

바람의 길로 변한 뼈들이 딱, 딱 부딪히는
맨몸에 붕대를 동이고
테이프로 잘 고정시킨 다음
평소대로 속옷과 겉옷을 입는 것으로

처음엔 힘들겠지만 곧 익숙해질 거야
어찌어찌 취직에 성공하고 가족을 부양했듯

밤마다 몸이 가려워질 거야
항문과 눈구멍 코 배꼽에서
동시다발적으로
피부의 모든 구멍이 활짝 열려
손톱 끝은 빨간 찌꺼기로 가득 차겠지

붕대는 매일 더러워지고 악취를 풍길 테니
외출할 때마다 다시 갈아야 될 테고

간지럼은 발작처럼 너무 갑작스러워
눈앞은 순식간에 눈보라에 지워지지
허방에 발 디디며 날마다 실종되는 몸

독수리 무리가 일제히 응시하고 있어
미동조차 없는 발가락마다
싱싱한 장기를 갈망하는 눈알

산채로 속을 파 먹히는 중이야
올해는
계속 진눈개비가 내리고

제
4
부

# 모자이크

죽을 때까지 싸우는
무능한 위치에서
서로를 베끼고 태어나는 쌍둥이들

다신교적인 아우라를 가진
해골 조각으로 만든 비너스

두피가 갈라지는 중입니다
적출된 안구와 천둥 번개를 동반한

거울의 방
논리가 있었던 자리
장해 연금을 평생 받는

고독을 업그레이드 중입니다
공기를 통해 전파되는

# 물병자리 우리는

너와 나는 각각 다른 형식으로 즐거워진다

우리는 시간이 별로 없어서 오해를 하기로 한다
그게 무엇이든 곧 떠나는데 익숙하다
끄고 켜는 스위치처럼 노력하지 않는다

엄살을 떠는 환자들이 들락거리는 병실에서
조금 색깔 있는 표정을 지으며 물끄러미

한 시간은 인터넷을 하고 한 시간은 자살을 생각하고
손바닥 가득 수북한 알약의 수를 세다가
한 번에 몽땅 입에 털어 넣는 사내를 바라본다

오래전부터 죽고 싶었어 어떤 방식으로든
얼룩이 묻은 바지와 목발은 혀를 대롱거리며
천천히 계단을 내려오는 중

바닥까지의 걸음을 계산하며
커피 스타킹을 신은 다리는 변기 물 내리는 걸 잊는다
담배에 쩌든 손가락은 창틀을 두들기며 소리에 귀 기울인다

우리는 접시 위 덜 구운 스테이크를 향해
단정히 침을 뱉으며 팔리지 않을 시를 읽는다
시를 읽는다는 것을 부정하면서

황홀한 편두통을 앓는다
가장 급진적인 일인칭으로 귀환하고 있다

어쩔 수 없는 불화 속에서
물병자리 우리는 모던하게

# 아몰랑

손의 최대치로 얼굴을 다 잴 수 없었다
손보다 빠르게 얼굴이 자랐다

지구 바깥을 비추는 거울이 말해 주었다
이목구비의 재료는
태초에 날갯짓을 시작한 새가 떨어뜨린 깃털

내가 나를 향해
아무리 천천히 다가와도
아무리 큰 보폭으로 걸어와도
결코 닿을 수 없는 거리에 시간은
얼굴의 지상과 지하를 배치했다

얼굴보다 긴 목을 가지기 위해
짙고 푸른 나이테들이 쟁강거린다

하나 그 위에 또 하나

눈 한 번 깜박이지 않고
경추의 디스크가 트랙을 탈출한다


윗니와 아랫니가 서로를 마모시키는 동안
고리들은 부지런히 목을 쌓아 올린다


빛을 잃은 별과 달로 장식된 항문을 열고
유행을 예감한 신조어들이 쏟아진다


그래,
모르는 척하자

# 터널증후군

터널이시간에들러붙는다
엑셀레이터를밟자
엑스레이라는단어가튀어오른다
엑스레이를자주찍으면
암세포들이증가한다
껌을1시간50분째씹고있다
오른쪽턱으로만78분
이렇게긴터널은처음이다
나는작고하얀꼬리
손바닥에땀이배이고속력을높인다
차는발이들린복싱선수처럼폭력적이다
벽과천장의실금이흔들리고깊어지는소리가난다
차선을바꾸던차가앞차에부딪힌다거칠게
처음문장과다음문장이충돌한다
이런종류의사고들
풍선처럼부풀던껌이터진다
콧등에붙은껌을뗄수가없다

히터에서무언가타는냄새가난다
점점고약해진다
껌을씹는다고달라질것은없지만
껌을더씹고싶다죽어야끝나는
출구는별처럼깜박거린다
내벽이급팽창하며신경을압박한다
모든힘이최선을다해터널에붙들려있다
사구들이울부짖고 있다

# 방치된 자화상

검은 천이 씌워진 화살
로드킬을 당한 어미 삵처럼
피범벅이 된
오 마이 이 땅은 어느 나라?
풀밭은 눌려진 혀를 빼내려 점프 점프
별주부는 마리화나를 피우고
내 머리통은 어디에? 이것은 누구의 간?
구름들이 조각나고 노을은 흩어져
꼬맹이의 인형 학자의 논문 연인의 입술
여행을 하다 크게 잘못되는 것들
나는 너를 고발
달팽이 뿔로 박아버린다
눈감은 도시 직선으로 내리꽂힐
이것은 레알
하늘과 바다 땅 속을 배회하는
뼈다귀와 이무기 민간인과 미사일 반군
반쪽 난 지구는 뜨거운 감자탕

식기 전에 덮어 덮어
그냥 화살이라 말해?
자빠지고 뒤집어지는 블랙박스
시신이 담긴 냉동열차
예정대로 진행되는 축제
여기가 밤새 도달한 너와 나의 파라다이스
지퍼가 벌어지고 있어
뇌수가 일렁이고 있어
똥꼬가 터지고 있어
지상계는 누구 맘대로?
신원확인은 사양할 게
게 개 게 개

# 우글우글

어제는 여자이고 오늘은 남자

닫혔다 열리는 눈으로 붕의 날개를 펼쳐 보이는 것

물이 닿으면 아픈 머리 어떻게 씻어야 하나요?
리듬을 기계적으로 옆구리에 끼었으며 멸종을 걱정해요

이등분 삼등분 그러다 수백 번 자른 머리를
어둡고 서늘한 상자에서 사흘 보관해주세요

절단된 단면에서부터 근원적 시공간이 차오르는
재생의 능력은 머리의 크기에 반비례

하나의 손바닥에 담겨 우글우글대는
아주 작은 얼굴들 결코 기억을 잃지 않는
무뇌한 상형문자들

맑고 깨끗한 물속을 헤엄치며
우리는 서로를 종종 혼동합니다
다시 끊임없는 분열을 검토하면서

# 바리데기

스물
목에 구멍이 뚫린 나이
물과 밥알 넘기는 일이 가장 힘들다

너는 물의 고랑에 천도의 불을 붓는다
살이 타고 뼈가 녹아내린다

나는 머리칼 풀어헤치고
무쇠 신에 무쇠 지팡이 짚고 수만 리 걸어간다

허허 벌판을 휘청거리고 넘어지며 간다
찢어진 손으로 솔잎을 뜯어 먹고
차가운 바위틈에 눈 붙이며 무인지경을 간다

(죽음에 쫓길 때마다 감각은 왼쪽으로 접어든다 익숙한 방향은 무능
력하고 권태로운 좀비들의 골목 왼쪽의 왼쪽을 돌아 다시 왼쪽에 몰두해
가면 외면당한 오른 쪽들의 왼쪽에 되쫓기게 된다 뜨거운 재를 뒤집어 쓴

온 몸 깊은 화상을 입고 망각을 더듬어 가장 선명한 얼굴을 찾아내야 하는데 오른쪽으로만 달아나는 얼굴을 붙들어야 하지만 왼쪽에서 오른쪽으로만 갈망하는 일은 오른 손이 모르는 일이 아니기에 결국 들킬 수밖에 없다 오른 쪽을 철처히 외면하고자 했던 처음의 결의를 왼쪽의 트랙만을 돌다 잊어버리고 싶다 해도 다시 왼쪽의 왼쪽과 오른쪽이 두 팔을 벌리고 나타나는 바람에 곳곳은 지뢰가 묻혀 있다)


　　왼쪽은 날아간 발목들이 그은 핏자국
　　어떤 물로도 씻을 수 없는 단말마가
　　팔 다리 눈 목 없는 귀신 목구멍 밖으로 넘쳐난다


　　(그림자보다 더 어둡고 짙은 몸이여 기교 없이 방치된 두 발, 빛과 어둠 어느 것이 더 角에 가까운가 홀로 잘 닳아가는 프로펠러를 달고 상처 입은 짐승이 내달리는 것을 막을 자는 없다 살면서도 살아본 적 없는 세상과 그런 식의 꿈 오늘이 아니어서 서성거리는 말 죽을 만큼 노력한다면 다른 자세로 종결될 수도 있는 것이다 )

저주받은 나무에서 기름의 아들이 열리고
망망대해에서 건진 연꽃에서 심청이 일어선다


(여기는 쉽게 적응할 수 있는 환경이 아니다 나눌 수 있는 항변이란 오
직 소속 불명 처음부터 거짓인 그림자)


앞모습은 남자이나 뒤태는 여자라
무장승과 혼인해 일곱 아들을 낳고
황천을 지나 집으로 돌아간다


상여는 멈추어라
죽어 썩어진 몸에 종이꽃을 바치려니


누구의 입 밖으로 나온 적 없는 말로 꽃을 접어
흩어진 살과 혼령을 부른다


너는 돌아와

방울과 부채를 쥐어다오


(낮과 다른 밤에 대해 좌파적으로 의심하면서 움직이지 마 네가 모르
는 그림 속으로 들어가려면)


나는 칼로 벨 수 없는
금강의 발을 얻어왔다

# 쌓기 놀이

면적이 제한된 묘지로 배회하던 죽음은 계속 찾아듭니다
하나의 비석 아래로
어제 묻은 땅을 파 관 위에 오늘의 관을
지하 가장 깊은 곳의 관은 내일 도착할 관 무게로
터지기 일보 직전입니다
너무 자주 뽑혀지고 심겨져 온 비석들은 들쑥날쑥
음울한 그늘과 모종의 이해관계가 있습니다
묘지가 확장되길 아예 기대하지 않습니다
못하는 일에 대해서는 더는 못하는 것이 아니라 안하는 거죠
너무 오랫동안 우리는 이런 대접에 익숙합니다
구경거리가 되어 돈을 벌어 드립지요
같은 해에 죽은 아이와 노인도 원하고 있습니다
모두 한 사람에 의해 살해당했으니
한 사람에 의해 다시 사는 것은 사양하겠습니다
거룩한 잉크가 묻을 이름은 빛나겠지만
삶은 한 번으로 충분하다고 생각하니까요
풀썩 예기치 못하게 땅이 꺼지듯

잘 삭은 관들이 차례로 무너집니다
가장 강하고 튼튼한 관은 오늘의 내 관
쌓기 놀이는 내일 당장 계속될 수 있습니다
당신 앞에서 대단한 꿈을 꿉니다
양각 나팔을 길게 불며 묘지를 몇 번 돌았고
얼마를 더 돌아야 일곱이 되는 지
계속 잊어버리는

# 해당화

모든 것이 자라다만 계절 가장 큰 손은 허공을 향해 벌어
진다 오른손과 왼손을 펼치면 붉고 푸른 나무의 데칼코마
니 망나니 칼에 잘려나간 대가리들의 밭에 서 있다

한 닢 꽃 떨어지는 소리가 가장 멀고 깊어서 영원히 기억
나지 않을 얼굴을 본 적이 있다 맨손으로 잘 벼린 칼날을
움켜쥐자 더운 피가 고여드는 시간 속에서

우리가 뛰어들 수 없는 관심과 애정없는 미래를 상상하
고 있다 처음은 슬픔 그런 처음은 몇 번이나 반복된다 늘
같은 시각 허겁지겁 되돌아오는 맥박

두런거리는 무슨 소리 허공을 향해 엉덩이를 치켜들고
가장 공손한 태도라고 믿는 큰 발은 허공을 향해 다가간다
부수고 때려 날리는 행동 달리는 행동의 차이를 모른다

벼룩 얼굴 아래 아누비스가 숨쉬고 있다 모든 소리가 울

음인 자다 깨고 자다 깨어도 눈빛이 형형한 가장 깊은 눈은
허공을 향해 날아간다

그날의 창처럼
꽃핀 자리 다시 정확히

# 발칙한 자화상


아담의해골

안과바깥공기가썩고있다

영생을누리고있다

수백년이수천년의손톱을뽑아들고수만년이수억년의뇌
와창자를꺼집어낸다

굵은끈으로입이동여매진녀는최선을다해갈라진혀를날
름거린다

둘이란숫자만세지못한다

나무에매달린당나귀사내의표정을읽는중이다

대화에텍스트는없다

나는무엇의장식인가?

# 동시대인

일방적으로떠들어대는손가락을오므리고
돌아가야지선택하는것이빗나간방향이되도록
돌아가야지당장집을비워야하니
돌아가야지물구나무선아이가되어
돌아가야지울긋불긋색동옷입은동자
신이모셔진금지된벽장앞으로돌아가야지
문열면저주가시작되고저주가계속되면
축복이뒤를잇던이야기속으로
돌아가야지아가리가붉게벌어진자루
울음인지부름인지잠시들여다보고돌아가야지
너와동시대를살기위해서라면
돌아가야지백주대낮테러가발생한현장으로
나와전혀상관없이뺨맞고걷어채여도돌아가야지
머리에봉지를덮어쓰고포승줄에묶인채
돌아가야지몰라보게변한동네를지나
아기단지묻은곳에서돌아가야지
한때무엇이든토막내던싯푸른길을발에품고

일만귀신의혀를놀리며달밝은밤
살탐하는여시주둥이질따라돌아가야지
끊임없이되살아나는너를죽이고죽고
다시태어나려돌아가야지누렇게뜬
바닥마저거덜나야오를수있는
투명한저모퉁이돌아이모퉁이로
이모퉁이돌아저모퉁이로

누구…

…접니다

# 불가능한 존재의 몸서리

윤의섭 (시인, 대전대 교수)

　한 시인의 시가 어떻게 하여 '시'일 수 있는가를 밝히는 것이 시집 해설의 목표여야 할 것이다. 해설이 시에 나타난 내용이나 시인의 생각을 해석하고 평하는 데 그친다면 그것은 해설자의 시각을 강요하는 결과를 초래할 뿐이다. 해설은 시의 각 요소에 대한 이해와 설명을 거쳐 끝내는 '시'라는 예술적 존재가 존립하는 과정을 밝혀주어야 한다. 물론 그 시가 '시'여야 한다는 전제가 있다.

　김바다 시인의 시집을 다 읽은 뒤 필자는 '불가능한 존재'로서의 시적 주체와 '몸서리'로 볼 수 있는 그의 시에 매혹될 수밖에 없었다. 결국 그렇게 '시'가 되어간 시적 노정을 파헤쳐 가면서 어떻게 하여 이 시집의 시가 '시'일 수 있는가를 이야기하는 것이 이 글의 전체적인 요지가 될 것이다.

　이제 김바다 시인의 이번 시집에서 시적 주체가 어떻게 하여 '불가능한 존재'가 되어 갔는지를 살펴보기로 한다. 시에는 세계에 대한 반응이

담기기 마련이다. 이 반응의 다른 이름은 세계관이다. 이번 시집에는
세계에 대한 초기 반응의 면모를 알 수 있는 시가 있는데 아마도 그 때
이후 시적 주체에게 세계는 '상실'된 대상으로 인식되지 않았나 싶다.

생각하는 사람이 청동 어깨를 빌려주었다
뺨을 기대고 같이 텅 빈 운동장을 내려다보면
담 너머 세병관이 보였다

아무도 몰래
세병관 흙바닥을 파보고 싶었다
거대한 창과 칼이 묻혀있다고 들었기에

유년(幼年)의 한낮
매미처럼 브론즈에 붙어
쳉쳉 쇠붙이 소리를 들었다

귓바퀴를 감으며 쏟아지는 비와 모래를
어둠 속에 파묻었다

—「유년」 전문

시적 주체가 전해들은 것은 "거대한 창과 칼"에 관한 역사다. 어린 마
음으로 그것을 믿고 있지만, "쳉쳉" 울리는 환청처럼 현실에서는 발굴
되지 않는 역사다. 사라진 역사, "幼年의 한낮"에 느끼는 공허함. 시적
주체에게 "세병관"은 상실을 안겨주는 장소가 되어 버렸다. 대상 상실

은 상실감이 클 때 나르시시즘의 과정을 거쳐 자아 상실로 이어지고 우울의 상태에 이르게 된다는 것이 정신분석학에서의 견해이다. 이번 시집에 약간의 우울감이라도 있다면 그 맹아는 유년에 겪은 상실감에 있을 것이다. 그것이 자아 상실로 이어진 것이라면 "가장 급진적인 일인칭으로 귀환하고 있다"(「물병자리 우리는」)라는 고백의 진정성이 이해된다. 결국 시적 주체는 상실의 장소에 "비와 모래"를 파묻는 행위를 출발점으로 하여 타자는 이해하기 힘든, 세계에 대한 날 선 반응을 보이기 시작한다. "비와 모래"는 '젖음과 메마름'이라는 점에서 서로 상극적인 물질이다. "비와 모래"를 파묻은 유년은 용납하고 싶지만 그것이 쉽지 않은 세계에 대한 모순적 충돌이 발생하는 순간이기도 하다. 시인의 고향 통영은 그렇게 상실의 대상으로 남아 있는지도 모르겠다.

유년 이후 시적 주체는 세계에 대해 점점 더 불안, 공포, 경계, 의심의 태도를 취하며 근원이 불확실한 두려움의 반응을 보여준다. 그것은 세계에 대해 "왜 너는 나를 죽여야겠니?"(「왜」)라며 '왜'냐고 묻는 방식이다. 즉, 자신의 지금 존재 상태가 과연 타당한가라는 강한 회의에 의해 시적 주체는 '불가능한 존재'임을 드러내고 있는 것이다.

> 진주와 수정으로 장식된 이 의자에는
> 인간을 수천 번 까무러치게 하다 죽일 전류가 흐른다
> 하늘과 땅은 처음의 어둠과 혼돈으로 돌아간다
> 나를 위해 의자는 네가 만들었다
> 날카로운 금속 발톱이 빼곡히 박힌 등받이
> 추락의 공포를 충분히 맛보게 할 높이의 네 다리
> 엉덩이 살을 단숨에 찢어버릴 얼어붙은 얼굴

감수성이 풍부하고 논리적인 네가 만들었다

통증을 줄이기 위한 어떤 조치도 없는

출생 이후 주욱 비가 내렸고

날이 샐 무렵 바위에서 팔꿈치를 떼면

피와 고름이 묻어나왔다

　　　　　　　　　—「너를 속이지 않기 위해 나를 속이다」 부분

　기원을 알 수 없는 때부터 시적 주체는 통증을 주는 의자에 앉아 있다. 다시 말해 시적 주체는 고통의 의자에 앉아 있는 것인데 이러한 삶은 "감수성이 풍부하고 논리적인" 세계가 가져다 준 것이다. 그렇다면 고통은 풍부한 감수성과 논리에 의한 감각이라는 말이 된다. 풍부한 감수성과 논리는 상식적으로는 고통을 주어서는 안 되는데, 오히려 고통을 선사하고 있기에 더욱 충격적이다. 여기서 우리가 따져볼 점은 김바다 시인은 왜 이러한 고통의 삶을 살아가고 있다고 여기고 있는가이다. 아마도 그것은 저 "유년" 이후 회복 불가능한 상실감의 부피가 줄지 않고 오히려 확대되어 왔기 때문으로 보인다. 한편으로는 이번 시집 곳곳에 나타나고 있는 기독교의 '원죄의식'(「문둥이 찬가」, 「즐거운 회식」 등)으로 설명할 수도 있겠지만 그 때문 만이라고는 볼 수 없다. '원죄의식'은 고통의 삶을 확인시켜 주는 역할을 한다.

　사실 '고통은 왜'라는 의문에 대한 답은 분명하게 말할 수 없기 때문에 시적 주체가 마주 대하는 세계와 삶은 의아한 대상으로 인식되고, 그로 인해 시적 주체는 더욱 불안과 공포에 휩싸이며 자신의 존재성을 참기 힘든 불가능성으로 받아들이고 있다. 우리는 어떤 것이 불가능하다고 판단되면 그것을 지워버리고 새로운 가능성을 찾으려는 경향이

있다. 이번 시집에도 '불가능한 존재'에 대한 당위적 행위가 나타나고 있다.

첫내 나는 바람이 스친 부위를 잘라내면/꼬리든 다리든/새로운 소설이 시작된다(「시적인 오퍼레이션」)

손이 제 뼈를 발라내며 부글거린다/끓는 뼈에서 잘 삭은 표정이 우러난다(「왜」)

나는개에게야금야금삭제당한다(「어디에 둔 모래시계」)

뱃속에서 이미 유산된(「첫 시집」)

끊임없이되살아나는너를죽이고죽고/다시태어나려돌아가야지(「동시대인」)

꼬리를 자르면 다시 자라나는 도마뱀처럼, 삭제하고, 지우고, 발라내고, 유산시키고, 죽이는 행위를 통해 시적 주체는 다시 시작하거나 태어나기를 바라고 있다. 그러나 이루어지기 힘든 것이 재생이므로, 시적 주체의 고통은 여전히 사라지지 않고, 그 고통의 원인이 불분명하므로, 대상 없는 공포심과 이유 모를 공격적 성향이 자주 나타날 수밖에 없다. 시적 주체는 "어디가 어딘지 내가 누군지/구분 못 하는 바보 천치"(「은밀하게 위대하게」)인 채, "어미 삶처럼/피범벅이 된/오 마이 이 땅은 어느 나라?"(「방치된 자화상」)냐며 공포감을 드러내고 "배우자가 봉변당하는 기도를 올리며"(「언제 말하려던 인문학적 농담」) 공격적으로 산다.

동시에 시적 주체는 강렬하고 선정적인 표현으로 극단적인 심리 상
태를 드러내는데, 이 경우에는 자신과 타자를 대상으로 하는 가학적인
면모가 나타나고 있다. 이 역시 불가능한 자기 존재에 대한 경계심과
불안감에 기인한 것으로, 히스테리라고 부를 만한 증세를 보여준다.

> 손등은 마구 갈라지고 터져 피가 날 거야
>
> 손가락뼈로 만든 바늘로 그 금들을 깁고 있을 거야
>
> 손톱은 뽑힐 때마다 풀보다 빨리 돋아날 거야
>
> 각각의 얼굴 이두박근과 장딴지가 주목받는 동안
>
> 손은 처리되어야 하는 그 무엇이 되는 거야
>
> 그래서 내 투명한 손에서 이 무한한 우주를 가득 메울
>
> 손들이 쏟아지게 된 거야
>
> 손이 손을 낳는 동안
>
> 나는 둔해지고 느려져 태초의 호흡법을 잊게 될 거야
>
> 강렬한 이기심과 증오의 도가니 속으로 네 이름을 쓴 손 하나씩 매달아
> 두는 일
>
> 손들이 늘어날수록 너는 새로워지고 우아해지고 탁월해질 거야
>
> 연옥의 넋은 끝없이 반복되는 손들이 필요한 거야
>
> 고유한 손을 본 적이 있니?
>
> 이곳에선 절단되고 다시 자라는 과정을 즐겨야 해
>
> ―「지금 이곳에서」 부분

"손"이 "절단되고 다시 자라는 과정을 즐겨야" 한다는 끔찍한 발언을
서슴지 않는 시적 주체의 가학성과 공격성은 세계에 대한 증오에서 비

롯되었다고도 할 수 있다. 여기서 "손"은 "처리되어야 하는 그 무엇"으로 "강렬한 이기심과 증오의 도가니"에 매다는 손이 늘어날수록 "새로워지고 우아해지고 탁월해" 지는 속죄의 대상이다. 대개 인간의 죄는 '손'에 의해 최종적으로 이루어진다. '손'이 갖고 있는 죄는 처벌 대상이므로 "손"은 잘라버려야 한다.

신체 절단 내지 특정 신체 부위 언급이 이번 시집에서 자주 나타나는 것도 처벌과 속죄의 행위, 그리고 '불가능한 존재'의 공포와 불안을 떨쳐버리려는 행위에 수반된 것으로 볼 수 있다. 많은 시에서 '손'이나 '손톱', '손가락'이 등장하는데 그것은 집착에 가깝다.(「요술 사과」,「아몰랑」, 「발칙한 자화상」,「동시대인」 등) 또한 '피, 항문'이라는 용어도 자주 보이는데 (「어찌어찌」,「장님」,「시바」,「문둥이 찬가 2」,「즐거운 회식」,「아몰랑」,「방치된 자화상」 등) 손, 피, 항문 등은 선정적이고, 혐오스럽고, 은밀한 신체 부위로 '불가능한 존재'가 갖는 세계에 대한 증오심, 혐오감, 비꼼, 비아냥거림, 야유 등의 심리에 의해 집착하게 된 것이고, 그것은 세계에 대한 시적 주체의 공격성을 내포하고 있다. 이러한 심리와 어우러져 이번 시집에는 신체 절단, 식인, 살해 등등의 자극적이고 포악한 행위가 도처에 출몰한다.(「당신의 올바른 선택」,「장님」 등) 여기에 '마녀'(「자꾸만기어오르는여름」), '귀신'(「바리데기」)과 같은 용어가 실제인 것처럼 쓰이는 것도 종교성을 넘어서서 '불가능한 존재'를 존재케 한 세계의 부정적 속성을 지칭한 것으로 볼 수 있다.

'불가능한 존재'일 수밖에 없는 이유는 불분명하고, 그 상태를 단번에 해결할 수 있는 것도 아니므로 김바다 시인은 "불가능에 대한 책임을 조각할/더 많은 관객이 필요하다"(「타동사의 시간」)라는 결론에 도달한다. '불가능한 존재'를 책임져야 할 책임자는 세계이다. 그리고 타자들이다.

그들에게 김바다 시인은 이번 시집 통해 '불가능한 존재'가 겪는 세계에 대한 반응을 발작과도 같은 시로 보여주고 있다. 그 시는 한 마디로 '몸서리'이다. 이제 김바다 시인의 첫 시집에 수록된 시들이 '몸서리'로서의 이채로운 시라는 점에 주목하고자 한다. 어떻게 하여 '몸서리—시'일 수 있는가.

문덩이다
지랄하던 보리 문덩이가 십자가로 기어오르기 시작한다
가도 가도 멀기만 하던 북쪽이 코앞이다
별 잘못한 것 없는 살인자와 강도 사이
사람이 죽을 자리는 별이 정한다
어디서 와서 어디로 가는
바람만이 거대한 별을 움직인다
더 이상 미룰 수 없는 소리가
오장육부를 탈출한다
구덩이로 내몰린 돼지들이 뭉툭한 앞발로
밤의 아랫도리를 긁어대듯
파편화된 노래들이 모여 하나의 우주를 합창한다
콧속으로 눈과 입안으로 마구 밀려드는
모래와 플랑크톤, 살해의 증거
도살된 돼지는 그렇게 신성불가침의 바다에서 온다
문덩이다
처다만봐도 전염병을 옮기는
지랄하던 보리문덩이가 십자가에 드러누워

던진다 뱉는다 발광한다

우리는 어쩌다 이 모양인가

천국을 소원하는 강도가 허겁지겁 화이트를 휘두른다

허공이 얼룩덜룩해진다

허공을 베어 먹으며 문딩이 살점이 너덜거린다

피가 빠져나가는 속도가 달라서

비극이 없다 아무리 몸을 흔들어대도

지금은 안 생겨요

다지증에 걸린

일곱 번째 고독으로 만든 십자가를 메고

갈팡질팡 문딩이

갈보리산은 스스로 행복하다

수없이 늘어선 천형의 나무들은 불멸이고

헛바닥은 처음부터 선악과엔 관심이 없어

오다가 자빠지고 오다가 자빠진 걸로

보리 문디,

이제 사람 되겠다

—「문둥이 찬가」 전문


　김바다 시인은 '불가능한 존재'의 반응일 수밖에 없는 세계에 대한 '몸서리'로 시를 쓰고 있다. 공포를 가져다주는 세계에 경악하고 "우리는 어쩌다 이 모양인가"라고 한탄하며 시인은 처음부터 아름다움을 선사하는 '미의 미학'에는 관심 없는 시를 보여준다. 대신에 그의 시는 또다른 미학의 세계, 즉 '숭고의 미학'을 보여준다. 공포, 불안, 두려움, 거대함 등등이 '숭고'의 감점을 유발하는 요소이고 보면 이번 시집은 그러한 상태를 드러내기 위해 추의 언어, 혐오의 언어, 비상식적 언어, 폭력적 언어, 선정적 언어를 끌어오고 있다. 그래서 시를 다 읽고 나면 아름다운 언어에 의한 평화롭고 행복한 세계를 떠올릴 수 없고 끔찍하고 눈살 찌푸리게 하는 장면으로 인한 음울한 세계가 떠오른다. 왜냐하면 이번 시집의 시편들은 '몸서리'이기 때문이다.

이번 시집에서 세계에 대한 희망, 긍정으로의 지향, 다 잘 될 거야라는 위안, 아름다워지고자 하는 노력 등은 드물다. 그런 것들은 김바다 시인에게 있어는 위선이다. 정직하게 느껴진 반응 그대로, 그리고 몸서리 쳐지는 현실에 대해 서슴지 않고 칼을 던지는 것이고, 그로써 진정성과 완결성을 이루는 '시'를 보여주고 있는 것이다.

혼자 산다
어쩌다 그렇게 되었다


멧돼지와 호랑이와 여우가 자주 출몰하는 곳
물이 나와 너를 고의적으로 가르는 곳
담장 너머 보이는 모든 나무들 허리와 팔이 비틀리고 꺾인 곳


네가 너 하나 살자고 마련한 곳에서
귀신을 벗 삼아 떠돈다


수초마다 사라지는 집이
산자를 어리둥절하게 만든다

문밖은 변함없이 어둡고
별들의 입은 재갈이 물려져 있다

침묵을 복습하는 중이다
살고 싶다면 오래 버려져야 한다
가래침이 묻은 채 찌그러지고 구겨질 필요가 있다

어머니, 찾지 마세요
더는 보여드릴 것이 없답니다
살랑대는 바람이 없어도
검게 칠한 캔버스가 꾸덕꾸덕 잘 마르고 있어요
돌아오는 계절이 없어도
새들은 다른 하늘을 찾아 곧잘 떠나더군요

바닥에 묶인 것들이 꽃을 피운다
물컹하고 불룩하게 살이 차오르다
제풀에 뒤집어지다

혼자 죽는다
어쩌다 그렇게 된다

—「싱글」전문

시적 주체는 어쩌다 그렇게 되어버린 혼자인 삶. 마치 유배된 듯, 타자가 잘 살자고 마련한 곳에서 "귀신을 벗 삼아" 사는 중이다. "모든 나무들 허리와 팔이 비틀리고 꺾인 곳"은 얼마나 참혹한 세계인가. "더는 보여드릴 것이 없"는 세계에서 "검게 칠한 캔버스"를 바라보는 일은 얼마나 암울한가. 누구도 이런 비극적인 세계에 스스로 갇히기를 원치 않을 것이다. 쫓겨난 듯 처해진 장소에 왜 왔는지, 왜 그렇게 되었는지, 이유는 알 수 없다. '산자는 어리둥절하다'. '불가능한 존재'가 되어버린 것이 어리둥절하다. 문제는 시적 주체만 그런 것이 아니라는 데 있다. "혼자 죽는다/어쩌다 그렇게 된다". '어쩌다 그렇게 되었다'라고 말했다면 남의 일이라고 할 수 있을 것이다. 그런데 그게 아니라 우리 모두는 "어쩌다 그렇게 된다"는 것이다.

그렇다고 해서 김바다 시인이 시를 통해 '포기'를 결과로 내놓은 것은 아니다. 만약 그랬다면 그 역시 위선이다. 시는 지금의 감정, 지금의 현실, 지금의 생각을 드러내는 현재성이 강한 문학 장르이다. 가장 강렬한 현재의 정점을 드러낼 때 시는 시로 현현하며 한 편의 '시'로 존재하게 된다. 김바다 시인은 '지금'의 다음 단계로 이어질 수 있는 '포기', '희망' 등등으로 섣불리 나가지 않는다. 다만 현재 보여줄 수 있는 가장 극명한 존재 상태인 '몸서리'를 보여주고 있다.

> 당신은 저를 죽어야겠나요?
> 건전한 세상에서 오래오래 살 생각을 한다
> 밤마다 크기가 다를 뿐
> 변기 주위로 똑같은 지네가 돌아다닌다
> 죽여도 죽여도 죽지 않는 마디는
> 버려진다

활발하게 검다

—「왜」부분

　세상이 자신에게 왜 그랬냐고 묻는 '불가능한 존재'에게 정확한 답을 알려줄 타자는 없다. 그러므로 더 나아질 것도 더 나빠질 것도 없는 현 상태 그대로를 살아가며 세계의 잔혹성에 놓여있을 뿐이다. 그러면서 김바다 시인은 자신만의 시를 만들어 간다. '불가능한 존재의 몸서리'라는 시를 창조해 낸다.

　시는 감상의 대상이다. 내용과 문체 등등을 일일이 분석하기 전에 읽고 나서 느껴지는 미적 작용에 휩싸이면 그만이다. 그때의 미적 쾌감이 왜 일어났고 정체가 무엇이고 과정이 어떠했는지 등등을 일일이 설명하는 것은 불가하고 불필요하다. 김바다 시인의 시편들을 읽고 한쪽만 바라보고 살다 다른 쪽을 보게 되었다든지, 앞만 보다 뒤를 보게 되었다든지, 그러한 윤리적, 정치적 판단과 더불어 '음, 이 시는……'라는 반응이 생겨나고 그렇기 때문에 김바다 시인의 시가 '시'일 수 있다고 말할 수 있다면, 김바다 시인의 시가 어떻게 하여 '시'가 될 수 있는지를 이야기하려 한 이 글의 의도가 이루어졌다고 말할 수 있겠다. 굳이 설명을 덧붙이자면 '불가능한 존재'가 느끼는 현실적 반응으로 시라는 '몸서리'를 강렬하게 보여주고 있기에, 다른 어떤 목적도, 다른 의도도 없는, 순수한 표출로서의 '시'가 될 수 있는 것이다.

　김바다 시인은 '불가능한 존재'가 되기를 원하지 않았다. 그러나 어느 순간 세계는 시인을 그래서는 안 되는 존재, 도저히 있을 수 없는 존재, 그런 '불가능한 존재'로 만들었다. 그렇게 되게 했고, 그렇게 만들어버린 세계에 대해 김바다 시인은 몸서리친다. 이번 시집의 시편들은 그런 놀람, 두려움, 떨림, 공포, '몸서리'이다. 그 '몸서리들'은 작위도, 위선도, 거짓도, 불가능한 희망도, 불필요한 위로도 아니다. 피어나야 할 자리에 정확히 피어났을 뿐인,(『해당화』) 활짝 피어난 한 편의 시다. 그 이상도 그 이하도 아닌 세계에 대한 반응으로서의 '몸서리—시'인 것이다.

나는 믿는다 이제사
나를 시 속으로 던진 천 개의 손을
그리고 그 손을 단번에 사라지게 한 큰 빛을
산자가 갈 수 없는 그곳으로 이끌던 살아있는 시선을
이 글이 쓰여지기 전
나보다 먼저 이것을 읽었던 거룩한 입술을

김바다

실천시선 247

싱글

2016년 11월 9일 1판 1쇄 찍음
2016년 11월 16일 1판 1쇄 펴냄

지은이    김바다
펴낸이    윤한룡
편집      김현, 최지인, 박혜영
디자인    이지윤
관리 · 영업  김선화, 김일영

펴낸곳    (주)실천문학
등록      10-1221호(1995.10.26)
주소      서울특별시 성북구 보문로 82-3, 801호(보문동 4가, 통광빌딩)
전화      322-2161~5
팩스      322-2166
홈페이지   www.silcheon.com

ⓒ 김바다, 2016
ISBN 978-89-392-2247-2 03810

이 도서는 국립중앙도서관 출판시도서목록(CIP)은
e—CIP홈페이지(http://www.nl.go.kr/ecip)와
국가자료공동목록시스템(http://www.nl.go.kr/
kolisnet)에서 이용하실 수 있습니다.
(CIP제어번호:CIP2016026096)